JN437565

숨어 있는 향수

木花 최상현 詩集

숨어 있는 향수

지은이 최상현
펴낸이 이재욱
펴낸곳 (주)새로운사람들
디자인 김성환 디자인플러스
마케팅·관리 김종림

등록일 1994년 10월 27일
등록번호 제2-1825호
주소 서울 도봉구 덕릉로 54가길 25 (창동 557-85, 우 01473)
전화 02)2237-3301, 02)2237-3316
팩스 02)2237-3389
이메일 ssbooks@chol.com

ISBN 978-89-8120-656-7(03810)

*책값은 뒤표지에 씌어 있습니다.

木花 최상현 詩集

숨어 있는 향수

새로운사람들

시집을 내면서

멀리 보이는 바다 배 한 척을 보면 지나온 날들이 하얀 종이배처럼 보일 때가 있습니다.

삶을 위해 웅성거리는 사람들 속에서 나직이 살아오면서 마음속 파편을 모은 글들을 시집으로 엮어 보았습니다.

설익은 시심에 빛을 비추어 주시고 늘 지도와 관심으로 작품 평을 해주신 최중태 시인님과 황우상 시인님의 지도 편달에 고마움을 전하며, 글쓰기에 도움을 주신 분들께 두루 고마움을 전합니다.

2023. 6

최상현 시명골 청풍헌에서

시집에 붙이는 한 마디

지난날을 생각하면
정한수 앞에서
두 손 모아 하늘에 빌고 빌던 할머니

때 이른 어느 날 섣달그믐밤
전사 통지에 어미의 통곡이
가기도 전

깊은 숨 몰아쉬며
아린 가슴으로
남은 혈육 품에 안고

빌고 또 빌던 할머니의 그 모습
지워지지 않습니다

할머니!

차례

3. 삶의 길목에서

4. 즐거운 날들의 메아리

5. 노정路程의 추억

01

계절의 노래

꽃필 무렵

꽃필 무렵이면
가슴이 붉어진다

잊었을까
아직
첫사랑 입맞춤
확 불붙던 밤

저!
진달래 능선으로
꽃이 필 때면

화신

봉분 없는 저 자리가

무명용사 잠든 자리

붉게 일어나는 봄꽃

비문도 없는

저기 저 꽃자리에

고개를 숙입니다

가을 고개

붉은 물 단풍
가을 끝에 달아 놓고
어디로
훌쩍 떠나가려나

잎잎이 고운 빛깔 물들인
가을의 환희

양달에 핀 구절초 꽃방에
늦깍기
신혼 벌 꽃잠도 잊은 채

해도 바쁜 하루
가을 고개 꽃 고개

푸른 밤

푸른 밤
바람도
잠이 든 듯

이슬 내려
꽃들
분결처럼 곱구나

푸른 밤 열린 밤
님의
속삭임이

은초롱
융단길 따라
들릴 듯한

초야의
짙은 밤

한 송이 꽃을 보며

가을
섶서리 내린다는
소식 듣고
길을 나선다

그 만발 턴 들꽃은
어디로 간고

늦가을 서리 품은
노란 들국화
내 마음 같아라

내 살던
남쪽 거기는
무슨
꽃이 피어 있을까

가을을 그려 봅니다

떠나요
가을을 그려 봅니다

먼 곳이어도
당신이 있기에
이 가을이 더 아름답습니다

저 단풍길 저 숲길로
가을 새 나는 길 따라

붉은
가을을 그려 봅니다

놓쳐 버린 계절

봄은
땅에서부터 온다

풀잎 돋을 때
고운 사람과

꽃구경 가자던
그 약속

꽃은
지고 말았습니다

연두색은
봄바람 따라

초록으로
가고 있습니다

철쭉꽃 다시
자지러지게 필 때

같이
꽃구경 가요

봄이 오는
그날에

겨울

눈 온다
눈이 온다

와도와도
좋은 눈

걷다가
넘어져도

일어서서
웃는다

연두에서 초록으로

연두색 뿌릴 때면
가슴이 부푼다

살며시
기우는 산기슭으로
샛잎 입술에 바람 스치면

몰래 숨겨둔 묵은 그림자
검푸름 짙어지리

연두 계절 놓칠 새라
강물도
슬며시 연둣빛으로 흐를 때

봄 색 단장한
사람 닮은 산새 한 쌍

나들이
나서는 연두색 계절

꽃은 피었는데

눈 녹은 자리
꽃 봄이 왔네

붉디붉은 꽃 흐드러지게 피었구나
어느 시절이
이 꽃보다 더 아름다웠을까

호사의 계절
저기 저 꽃 눈 시리게 피었지만

코로나의 계절
어쩌리
꽃 봄 가슴에 담아 두고
기다리고 기다려서

내년
이맘 때 나 꽃구경 가세

02

그리움과의 속삭임

목련꽃이 피었구나

육지의 능금나무
물오를 때

수평선 바닷물은
어디 내 눈물만 하랴

흰머리 어미가
저 뱃길로 전하는 말
아이야
우리 아가야 내 아가야

그 해
오월 바다는 약속도 했지
널 보고픔은 내 안에
숯이 된지 오래인데

저 교정
팽목항 노란 바람이
목련꽃으로 피었구나

풍경소리

못다 한 사랑
허공의 간극을 지나

풍경소리 들릴 때
그리움도 시름도
나그네와 동행인 듯

어느
사랑의 아픔도 못다 잊어
침묵의 고요 속으로
풍경소리 깊어진다

허공 속의 바람
물고기 형상으로
그렇듯이

요양원

손잡고 온
어린 남매
꽃바구니 들고

유리벽 앞에서 얼굴을 보며
전화하고 있다

휠체어의 할머니
손짓 곁들여
말씀하실 때

남매는
울면서 고개만 끄덕인다
분명
아린 사연이 있는 듯

누굴 대신 온 걸까
저와 같은 이웃들이
아프다

우연히

요양원을 찾은

남매를 본

내 가슴이 저미어 온다

추석 달

둥근 달을
따라 간다

하늘 끝이 어디인가
고향길이 보이는 듯

그 목소리, 그 모습
달빛 아래 어리어 온다

귀뚜라미 소리에
그리움이 더하고

그 언덕, 그 집 앞
돌배나무 묵은 가지

달 속에
박혀 있네

해후

그렇게 떠나다니
이제 이곳으로
돌아오련다

향수가 깃든 곳
산새소리 풀 내음,
들길이랑 아지랑이,

모래 갱빈* 미루나무 꼭대기
노고지리 노래하던 곳

저 산허리
달 그늘 휘휘 두른 산자락은
할머니 품안 같은 곳

노을 진 산 아래로
이웃이 돌아오는 곳

나 이제

여기 살려네

*갱빈: 강변의 방언(경북 내륙지방)

조등弔燈

조등 하나 내걸렸습니다
명복을 빕니다

담배연기에 그을린 손가락 사이에
권련 한 개피 잡으시고 늘 하시던 그 말씀이
밤하늘에 별이 되었습니다

어둠속에서 타오르던
권련의 불빛을 누가 저렇게 오려냈을까요

숱한 아린 아픔
다 내려놓고 가시는 것이지요

느티마을 어귀서
만장 펄럭이며
선소리꾼 목청도 흘러가고
있습니다

*월간 〈모던 포엠〉 등단 작품. 조등 외 두 편(2010. 2)

엄마 자국

저 아이 얼굴에
하얀 소금길 자국은
그리움이 오고간 길

뽀송한 볼 자국
하얀 웃음꽃

어미 잃은 줄도 모르고
숨바꼭질 헤잡던 날

저녁 종소리 멎은 후
골목 담집 너머

달빛도 잠이 든 듯 고요한데
까만 밤 속 철모르는 아이는

엄마 자국이
아직도 하얗다

수취인 없는 편지

그 후
그렇게 울던 밤
몽돌 같은 세월은 먼 이별이 되어

하늘 아래 그리움으로
붉게 물들었다

못다 한 사랑의 귓속말을
빽빽이 채운 편지를
가지에 걸어 두었더니

그걸
새가 보고
흐느껴 울며 가더라

이태원의 밤

이슬 내려 젖은 자리
바람도 멎은 곳

불 꺼진 밤 어미는
넌 어디에 있느냐
아이야 내 아이야

영원히
같이 할 수 없는 시간
이 아린 가슴 어떡하랴

기울어진 영혼으로
너를 생각하며
잡을 수 없는 시간은 가고 있다

진흙길
헛바퀴 돌 듯
나는 어느 곳엔가 박혀 있다

미련으로 본
너의 꿈 모습은 헛모습이더라

슬피 우는 어미 울음에
별들도 가엾어

눈을 감는 이태원의 밤

길가에 앉아서

저 앞산 푸르름
산 아래 강물도 나란히 흐른다

언제나
모르게 온 계절의 순리로
먼저 핀 꽃 한송이 보면
그리움 더 깊어지는구나

우리의 삶도 저 강물처럼
절로 흐르는가

다시 찾아온 저 강산 푸르름을
길가에 앉아서
가득히 보고 있다

단풍진 길에서

아지꽃 피던 들길은
가을 전시장
하늘을 물들인다

저 산 너럭바위 아래
여름노래 멎은 늣 고요하고

날아드는 철새 따라
북방 바람 불어올 터
단풍 길을 걷는다

단풍진 길 저만치 보이는
산 아래 작은집도
어둠이
내리면 가을 향기에 묻혀

고단도
하루를 눕히리

다뉴브 강의 아리랑

강물은 말이 없다
저 노래가 들릴까
헝가리 추모객들의 아리랑

사랑한다는 말 하지 않아도
저 노래 부르는
그 마음을
우리는 알고 있습니다

머르기트 다리 위에
모인 사람들 고맙습니다
다뉴브 강에서 부르는 아리랑을
우리는 기억하겠습니다

영전에 올린 꽃 한 송이
그 마음도 우리는
영원히 기억하겠습니다

*우리나라 관광 유람선 사고로 헝가리 국민들이 추모하는 모습을 보면서

친구야

친구야 살구 떨어지던 도랑에
얼음 반뜩이는가

눈 수북이 쌓인 언덕길
썰매장 요즘도 있는가
그곳이 이리 그립네

구수한 고두밥 냄새 나든
황토길 옆 술도가 지나
소학교 가던 고갯길 아직 있는가

범바위 산 밑 모래 갱빈*으로
국화꽃 모양 콕콕 찍어 놓은
산토끼 발자국 생각나네

여기 하늘에는
은백색 구름이
산마루에 모여 있네

그때 놀던 들길에

눈 내리거덜랑

늦은 밤이라도 기별 한 번 주게

친구야, 내 친구야

*갱빈: 강변 방언(경북 내륙지방)

어머니

눈 내린 아침
댓잎 부비는 듯한
빗자루 소리 못들은 척
돌아누웠다

방문 소리에
짝눈을 떠 보면
상보 덮은
밥상을 들이밀고

어머니는 말없이
눈 속으로
장삿길을 나선다

이별

대합실을 비워 놓고
밤에 떠난 사람

별빛도 비낀 밤을
이제는
혼자 가고 있습니다

이별의 밤
떠난 자리로 마음을 늘려 놓고
어둠을
더듬으며 걷고 있습니다

그 사람도 지금 쯤
어느 어둠 속
밤차로 가고 있겠지요

꽃마을

줄지어 심긴 홍매화 마을

코흘리개 아이와
눈 흐린 할머니가
헛기침 잦은 할아버지
허리춤 잡고 걷는 마을

눈 녹은 자리 꽃 봄이 왔네
소달구지 철 바퀴 소리
땅거죽 부술 때 목련 꽃술 흔들린다

재촉하는 낮 닭 울음
들밥 인 삽작댁은 진동 속살 들어 뵈고
가르마 길이 바쁘다

덩달아 나선 검둥개 오두방정 떨며
꽃길 비켜 저 만치 먼저 가네

초록이 물들 때

파르스름 초록이 물들 때
돌 틈 꽃다지 피고 진다

봄!
가지마다
봉긋 솟은 처녀 꽃망울
심술쟁이 봄바람
진달래꽃 휘어잡고 흔들어댄다

봄은
초록을 뿌려가며
풍경화 그릴 때
뻐꾸기도 자지러지게 칭찬하는
봄, 봄, 봄!

이 초록 지나면
백사장
노고지리 고공 곡예하며

사랑 노래 듣던 시절
다시 오려나

내 고향 그 고샅길 잎새
초록 담장으로 오요 강아지풀
저절로저절로 나래비나래비* 돋던 모습
아른아른 하구나

*줄지어진 모습이 길게 나란히 있는 모양(방언 경북 지방)

그리움

당신은 참 아름다웠습니다 한 송이 꽃이었습니다
저 하늘이 아름다운 것도 당신이 있었기 때문이지요
어느 날 당신이 꽃잎처럼 떨어지던 날
깊은 밤 기러기 울음 섞어 하늘 길을 보았지요
당신이 그립습니다

03

삶의 길목에서

의암호

의암호 문인길 따라
물위를 걷는다

어느 문장가가
먼저 감직도 한 호젓한 길

바람도 봄 곁에 앉아
조개 무늬 물결
미소를 띤다

한 눈에 버거운 호숫가로
나직이 비친 초록 산그늘
소꿉놀이 하듯
의암호에 잠겨 노닐고

창포 잎사귀 꼿꼿이 울장치고
나란나란
의암호를 지킨다

가을 아침

햇살 받은 산기슭
울긋불긋 아름답다

창가로 스며드는
아침 청바람 향수를 모아오고

안개 깔린 개울 터로
가을 향기 젖어든다

산허리 붉은 능선
단풍 숲길로
산새도 넋을 잃고 나래를 접는다

짙어지는 가을 풍경
가슴, 가슴 옮아갈 때

봉우리, 봉우리 붉은 물결
흘러내린다

청상青孀

시린 가슴
디뎌 가며

묵디멍* 하나 품고
까막
절벽 앞에 선

새파란
한
어미

*묵디멍: 앞을 볼 수 없을 정도의 마음의 멍(경북 내륙지방 방언)

강의 달

흐르는
강물을 보고 있다

세월은 강물 따라 흐르고
강물은 세월을 데려간다

은물결 반짝이며 어디로 흐르는가
흐르는 강물을 보고 있다

바람도 이슬에 숨은 듯
나래 접은 강변의 고요

여울진 물가로 점백이 나뭇잎은
술래잡기 돌고

달빛 기슭 풀벌레소리
적막을 넘나들 때
그리움 말갛게 밀려오는 밤

흐르는 강물 위로
지울 뻔한 사랑의 언어가
별자리마다
나지막이 속삭인다

달맞이꽃이 유난히 환한 밤
이슬 젖은
버들강변에서

벼루어리어 흐르는
강물의 달을 보고 있다

애주가

투가리 속 두부가
고추 색에 취해 있다

생각이 난다
반쯤 벗은 술병이 몸을 흔든다

분명 유혹이다
너는 기생, 어쩌란 말이냐

창밖을 보니
가을비가

또
추적추적 내린다

문인목

선비의 몽당붓은
억 겹 문필인가

먹 갈던 패인자리
고뇌가 어려 있다

문인목*
골절격처럼
세월 옹이 박혔다

* 문인목: 높이는 1m 미만, 만고풍상을 겪은 나무로 마디가 짧고 굴절곡 형태의 나무. 옛 선비의 삶을 비유하기도 하며 주로 소나무를 상징하기도 했다.

하늘

저 하늘

공허空虛가 아니다

맑은 은하 하늘 강 둘레길 자락
반짝이는 별 밤

긴
흙먼지 일으키며 살다 간

영혼,
영혼들이 차례로
머물다 간 자리

느티나무 마을

하루해가
뉘엿뉘엿 산허리를 지날 무렵
땅에 붙은 할머니는
허리로 몸을 든다

트인 골목으로 드실 참인가
아직 남은 하루
내일도 있건만

노루꼬리 끝 시간도 아쉬운 듯
지난 삶 이야기를
가을걷이 낱알 줍듯

기억 하나 들고 나와
어제 하신 말씀을
오늘도 곰삭이듯 하신다

하루해가 떨어지고 느티나무 자리에서
오늘을 마무리하며
등 굽은 인사를 나눈다

일그러진 골목길을 살피며
오늘 하루도 묻어 놓고
고이고이 가신다

파장罷場

하루해가 넘어간다
모였다가 돌아가는
마을 사람들 뒤로 잔설 내리고

가마솥
아궁이에 불 꺼진 나전*
국밥집 소란은 떠났지만

헐한 장배기 파장 사람들
떨이 소리는 아직도 윈다

술기 거나한 장꾼은
미련이 남은 듯

빈 장터를 기웃거리며
묶은 간잽이 생선 바람에 어는

어둑어둑한 장터

야채 전 잡곡 전 뻥이오 자리

말끔히 덮고

다음 장날을 기다린다

* 나선: 지방 오일 장날 공터에 차일을 임시로 쳐놓은 식당(경상도 방언)

경비원

유난히 불 밝은 아파트 집하장

골고루 먹고 버린
꼬까 색 흔적들
부두에 하역하듯 줄줄이 버려진다
뒤죽박죽 혼합무덤들 같다

지상의 악어새는
경비원의 몫

비 내리는 밤에도 물안개 헤치며
달려오는 수거차
뒤따르는 경비원

시샘하듯
가을걷이 하듯
단숨에 쓸어가는 수거차
수거장의 뒷자리는 경비원의 몫

모두 잠든 밤 천근의 눈꺼풀
들어올리며
새벽을 지키는 경비원

재滓

골목
바람길 휑하고
대문 밖 냉기 서려 있다

몸 바친 연탄
백합 같은 눈송이로 염한
창백한 얼굴로

뻐꿈한 무테안경 쓴 듯
먼 하늘만 쳐다보고 있다

애시당초 과거는 묻지 마라
언제나 당신이 그러했듯이

천덕꾸러기 신세로
이젠 떠날 날만 기다린다

등대

절
보고 떠나세요
기억하시고 다시 올 때

꼭
이곳으로 돌아오세요

나는 등대
늘
여기 있습니다

코로나의 벽

벽은 두께와
높이가 있다

물의 깊이를 알 수 없듯
무심히 지나는 유람선처럼

멀어져 가는
사람과 사람의 벽

코로나 마음의 상흔
현실은
이 벽 높이가 얼마나 될까

잊고 지난
혈관 같은 소통이
새삼 부러운 시대

다시 지난날이 오기를….

인생

서둘지 말자

어서 가자
재촉하걸랑
한 박자 쉬어 가자

가다 가다가
부르는 소리에
뒤도 한 번 돌아보자

달음박질
힘들면 쉬어도 가자

불후의 명곡도
쉼표가 있더라

재혼

지난 날
당신은 날 입맞춤하며
꽃이라 불렀지요

이제는 시린 가슴과
마른 울음마저 지운 지
오래입니다

믿을 수 없어요, 기다리라고요
아닙니다

이제는 바랜 꽃송이를
버릴 때가 되었지요

그믐밤을 겹쳐 놓은 듯
긴 터널을 지나온 나
붉은 가슴은 사라졌지요

이냥
미안합니다
한 몸으로 붉던 당신을
이제는 잊으렵니다

딸

어디서 들리는 까치 소리
어릴 적 재롱 피우던 딸 소리처럼 들린다

시집간 딸
꽃집처럼 꾸며 놓고 사는 딸

어느 날
큰 병과 투쟁
안쓰러워 시중들러 딸집 찾을 때면
환한 미소로 반긴다

힘든 마음 안고서
올망졸망 새끼 품고 이쁘게 사는 딸

뉘엿뉘엿 해질 무렵 돌아올 때
뒤돌아보면

촉촉한 눈시울로 고자리에 서서
손 흔들고 있다

친구에게

우리 헤어진 지 퍽 오래 되었네
농장 대추꽃 겨울 채비 하는가

이보게
눈 오기 전 가방 메고 바람길 따라
김 물신 오르는 국밥 먹으려
통일호 타고 훌쩍 한 번 떠나보세

친구 이사람아, 선약일세
훗날 막죽길* 꽃차 호사하기 전 떠나보자고
그때 자주 만나던 호덕이 그 친구
요양원 갔다더군

아직 땅 디딜 힘 있을 때
부지런히 움직이고
바다 구경 절 구경 다녀오세

부디 몸뎅이 욱신거리지 말고
덜그덕 틀니 소리 나기 전
건강 돌보며 견뎌 봐야지

자식들
짐이라도 덜어줘야 하지 않겠나

어제
그 총명하던 그 친구 석이가

때 아닌 겨울에
남쪽에는 모내기가 한창이라고 하더라니
마음이 서글프네

하루가 환한 오늘처럼
늘 건강하고 행복한 날 되길 바라네
기별 기다림세

글씨가 삐뚤삐뚤하게 씌어지는구나
이해하게

2023년 3월

친구 목화

*막죽길: 죽음(경북 포항지방 사투리)

별을 보며

사람들은
별을 보고 살며
오늘도 별을 본다

두텁고 요철 같은
세월 속에서

모두
별과 같이 반짝이며
행복하게 살기를 바란다

밤하늘에
긴 꼬리 달고
주술의 여행을 하듯

오늘도
숨은 별
하나를 찾기 위해
길을 나선다

춘궁

가난한 선비가
밤새 글 읽을 때

봄날
이른 새벽 배고픈
아이의 울음소리

먹물 든 종이 찢듯
새벽 닭
울음 들린다

초가지붕 이슬 하얗고
문풍지도
조용한 아침

상보 덮은
갱죽 한 그릇
아내는 말없이
아침상을 올린다

낙양落陽

기울면 비워지는
떠난 자리 여운 남기듯

하루도 끝날 무렵
산 아래 낙양 깃들면

더
가까워지는
석별은 몰래 슬픈 것

노부부의 상봉

할멈 내가 왔소
오늘은 어떠하오

여보라고 한 번 불러보우
내가 누구요
아내는 대답이 없다
먼 곳을 응시하는 아내를 보며

낮은 여울 소리로 어쩌나
사라진 기억 앞에 아내를 살피며
눈물을 삼키는 할아버지,

기억을 놓쳐버린
시간 앞에
나는 시방 당신의
무표정과 외면을 보고 있소

암흑 속 길을 잃은
나그네 같은 심정으로….

강물을 보며
-비오는 날

흐르는 강물을 보고 있다
흐르는 것은 지나가는가
지워지는가

강물 어깨로 비가 내린다
저 질긴 강줄기를 보며
삶도 강물 위에 실린 듯

외로운 돛배처럼
풀잎 되어 물 위에 떠 있다
떨어지는 빗방울마다
추억이 더해지는 비 내리는 날

세월과 손을 잡고 흐르는 강물은
다시 거슬러 오지 않으리
나의 삶도 강물 따라 가고 있다

달맞이꽃이 유난히 환한 밤
이슬 젖은 버들 강변으로
벼루 어리어 흐르는
강물의 달 등을 보고 있다

밥상

꽃 피고 지든 세월 지나
어디쯤 와 있을까

지난 날 말간
아내의 고마움을 느낀다

밥상 앞에 철이 든 듯
현실은 삶과의 동행

노년의 밥상이
세월의
길이에서도 느껴지듯

묻어 뒀던 마음을 전할 말이
그렇게 어려웠던가
미안함에 마음이 붉어진다

노을 진 석양 아래
가을 단풍처럼 곱게 물든

할멈이 된 아내의 모습을 몰래
훔쳐보는 세월의 길이에서

보았다

내 모습을 보았다
미래의 모습을 꿈속에서
휘어지고 풀기 없는 나

훗날
지금처럼 온전한 걸음걸이를 염려해
미래를 만지작거려본다

당겼다 놓은 고무줄처럼
능동적 삶으로
나 이 자리로
돌아올 수 있을까
나에게 물어본다

늦지 않을 그때를 위해
훗날
시험을 위한 노력처럼

오늘도 푸른 하늘 아래
강물을 보며 긴 호흡으로
흙길을 걷는다

삼월의 세상

----2020. 3

봄 따라
겁 없이 먼저 핀 저 개나리, 목련꽃
놀란 기색 완연하다

단아하게 배꽃이
필 무렵
코로나19 창궐 악마의 거리

미리 핀 벚꽃 아래로
마실 나선 사람들 드문드문 말이 없다

등교 길 아이들
조잘거리는 뒷모습 보고 싶을 때
나랏일 보는 홍포대감들

노란 옷 곱게 차려입고
앵무새처럼 읊으며 사진 내보낼 때
그 자리 의료 영웅 어디 있던가

의료인은 지쳐 기진맥진 탈진,
국민은 기억합니다
고맙습니다, 참 고맙습니다
기억하겠습니다

하얀 입마개가 고역인 듯
반쪽 얼굴로 눈인사가 전부,
주먹치기 인사가 어색하다
어쩌다 지인과 대화는
틀니 뺀 허튼소리 같은 일상

들리는 소식 이웃의 사망
모두가 불안해하며 명복을 빌었습니다,

입 다물고 걷는 사람들
모두 힘든 사람들

이 봄 오늘도 의료 현장에서
묵묵히 지새우는 선생님들
고맙습니다 또 고맙습니다

꽃처럼 환하게 웃던
지난 어느 날처럼
내일 약속의 손을 잡을 수 있는
우리들의 모습

안녕이란 행복한 손짓으로
꽃피는 후년의 연둣빛 봄을 기다리자
우리 모두가 염려하며
희생된 사람들에게
명복을 빕니다

코로나의 감옥

드디어 코로나를 만났다
교도관 없는
독거감방 처지

출감 날짜를 기다리는
염려와 옹색힘의 연속

저 붉은 가을 산을 보며
새삼 그리운 일상
변함없이 하루하루
정지된 현실

만기 출방 그날이
올 때까지
철문 없는 7일의 자정 석방

사람과 사람 속으로
다시
돌아가는 이 기쁨

겨울 장날

산길 돌아
달 그늘 아래

장꾼 소리
들린다

물 넘은 절인 꽁치
바람에 더 얼고

술기운 거나한
할배 장꾼은
언 몸 움츠리고

헛기침하며
얼펑덜펑*
밤길을 재촉한다

*얼펑덜펑 이곳인지 저곳인지 분간할 수 없는(경북 내륙지방 방언)

달빛 아래 청춘

음악 소리에 신이 난다
노부부가 TV에 나와
손잡고 노래하며 춤춘다

괜스레 눈물이 난다
굽이굽이 함께한 지난날들이
노송가지
솔방울처럼 보인다

아직도 남은 삶
푸른 대궁 일구어
빨간 꽃 피울 수 있다니
고맙습니다

가을 날
달빛 아래 청춘
환하게 가로등 켜놓은 듯
부디 남은 여정
푸르게, 푸르게 살기를

화락의 엇박

이슬비 내리는 창밖으로
어디서 본 듯한 여자 한 사람

커피 향
그윽한 골목 속으로 사라졌다

지난날의
묵은 추억의 구애였나
지난 마음의 일기장을 열어본다

아득한 날의 화락일까
잊어야만 했던 그 사람이었을까

백합 같던 그 모습 그 사람
아직 남은 일몰의 여운인 듯
독백의 중얼거림

나직한 속삭임 속으로
옛 사랑의 그리움 같은
엇박의 울림이 스쳐오던 날

정류장

머물다 간 자리
돌아올 사람
떠난 사람의
흔적이 덕지덕지 깔려 있는 곳
그리움도 서려 있는 곳

기름 향 뿌리고 어둠을 살피며
다시
떠나는 뒷자리
하루의 일기장을 덮고
또 펼치는 자리

만남과 헤어짐이
오늘도 보일 듯한
어느 한 쪽의
부석거리는 삶의 자리

04

즐거운 날의 메아리

가을 동화

새벽이슬
선홍빛 모아
가을 색으로 켜켜이 물들인다

산밤 떨어진 자리
물 수림* 일으키고

청잣빛 구절초
꽃님이 고개로
비단 연인 한 몸 된 길

눈썹 가린
납작단풍초 빨간 입술로
가을 모으고

하얀 억새꽃은
전설을 들려주는 듯

*수림: 물 위에 물채가 떨어지면 그 중심에서 둥근 원이 겹겹으로 나타나는 현상

비오는 날

비가 오는 날이면
지난해도 오늘처럼

도랑물 쿨렁이고 붉은 속살 뒤집으며
밤새 맨 살로 가더라

진흙마당 닭 오를 횃대 쪽으로
발자국 흐릿한 저녁마을

백비탕 끓는 가마솥
가난의 굴뚝에도 연기 오르고
구름 떠있는 버들 방천으로
끝 비 추적추적 내리는 해넘이 때면

그래도
집집마다 기름 두르는 냄새가
이웃을 불러 모은다

산수유 피는 마을

초생 달빛 지나간 자리
새벽안개 눈을 비빈다

비알길따라 산수유꽃 나란히
꽃봄을 노래할 때면

마실 나선 댕기 처녀
홍가슴 봉곳 부풀어 오를 즘

멀리서 산꿩 소리 같은
중매꾼 장청은
아직 들리지 않는구나

정자나무 아래로 조심스레 걷는 어르신
꽃물 든 천궁天宮을 보며
풍년이 들려나
하늘 자락 들어올려
꽃 웃음 지으시며

그 어느 해도 이 마을에

저렇게

노란 꽃이 만발하였지

단풍 오는 날

파란 하늘이 더욱 말갛다

파도가 섬을 넘듯
갈바람 능선타고 밀려올 때

석양빛처럼 단풍의 전설이 들리는 듯
먼 먼 날 언약이라도 한 건지
온통 산은 치장하고

가을바람 깃으로
붉은 그림 그려내는
불 산이 흔들리는 날

잊었던 옛 일이
흑백 영상으로
갈빛에 어리어 온다

가을의 사람

가을은 아름답습니다

여히
하늘에 순응하기에
아름답습니다

당신의 모습도
아름답습니다

여름새 놀다간
가을 호수처럼

잔잔한 당신의 미소와
낙엽이 물든 향기에
가을은 붉습니다

당신이 있어
가을은
더 아름답습니다

강가에서

강 따라 길을 걷는다
저 산 아래 누가 살던 곳
버들가지
강바람 따라 춤춘다

진분홍 홍도화
향기 속으로
애기 벌 봄을 타고 나는구나

저 들길 내가 걷던 길
굽은 강 길 따라
굴렁쇠소리
들리는 듯하다

산수화
겉꽃 피고 속꽃 다시 피던
강가에 살고 싶다

저녁 무렵

종소리 따라 그리움이 들린다

뒤늦은 하루가 달려와
노을에서 멈춘 듯

뒤돌아보며 오늘은
그래도 고마웠다고
나에게 나를 도닥이며

종소리 진 길로
발간 노을 미소길 따라
하루가 깃든다

옛 춤꾼

추경지절
장풍노래
들녘을 넘나들 때

휘몰이 장단에 발맞추어
어깨
꺾던 춤꾼 민 바우

달빛 길
출렁길 따라
어디로 떠나갔을까

강촌으로 가는 기차

아늑한 철길 위로
젊음이 달린다

강변 물오리 떼
서투른 군무로 박수를 보낸다
나뭇잎 따라 춤추고

젊음을 버무르는
통기타 소리 창문이 쿨렁인다

달려라 불러보자
우리 노래를 철길로 깔아가며

푸르다 붉다
청춘은 달린다

강촌 가는 길
청춘이 달려간다
강물도 따라온다

밀회

이슬비 내린 길을
걸어갑니다
침묵 속
나란히 디디는
얕은 발자국으로

유난히
많이 핀 제비꽃 길을 지나
누구도 모르는 곳으로
눈 맞추며 걸어갑니다

고이
잔잔한 호수를 지나
더 아늑한 곳으로

햇살 내리는 고요한 안개 숲길로
이름 모를 아리아 같은
산새소리 들리는 곳에서

살포시 손을 잡은 두 사람

안개 자욱한

아무도 없는 숲에서

칠월은

푸르름이 물든 들판
수묵안개 자욱하다

덤불속에서
그리움을 외는 걸까
뻐꾸기 소리
자련하게 들린다

피라하여 핀 꽃도 아닌
꽃들은 누구 알까만

저렇게 어김없이 피는 저 꽃
질 때는
서러운 듯 그러할 꽃일는지

늘 그리 하였던가
겨울 지나
아슴거리는 기슭으로

7월이면

붉은 사랑노래를 부르던

저자리

올해도 피고 지는 꽃들이여

가을 사랑

이 가을 붉은 가슴으로
사랑을 사랑할 수 있는 계절 아닌가

하늘이
벌겋게 물든
치마능선 자락자락
춤사위 어림세기* 아니던가

붉은
가슴으로 누굴 사랑할까
망설임 없는 이 가을날에

*어림세기: 오래 전 어느 때부터

유월의 나들이

계절의 푸르름은
초록 날갯짓

망초 꽃 나란히 춤추며
서걱대는 갈대 숲 바람길 따라

구애하는 개개비 소리
거듭거듭 들린다

물안개 내린 강기슭
흰 나비 떼처럼 핀 찔레꽃

시여!
초록 빛깔 번득이는
유월 나들 빛이여

눈꽃

겨울에만
피는 꽃
송이송이 눈꽃

겨울 꽃
하얀 꽃
겨울 길 따라

빠끔빠끔
발자국
누구 발자국

후두둑
까치 새
꽃가지 날 때

송이송이
꽃송이

떨어지는

겨울 꽃

물듦

출렁이는 들녘
갈바람 넘실댈 때

허수아비 가을 벌판
군무 이룬 철새 환성

산기슭 지나
산 너머 산산
혼인색 출렁인다

소꿉아이들

눈 위에 찍힌 발자국
햇볕아래 녹는다

비알길*
양달에 소복이 둘러앉은
소꿉아이들
이삭 고구마
입 돌림으로 먹으며

들릴 듯 말 듯
조잘거림 숨기며
입을 막고 웃는다

* 비알길: 비탈길(방언, 강원 경기 경상도)

아버지의 여름

여름, 과일이 터질 듯 덥다
흙바닥에 배 깔고
할딱이는 여름 닭

농사꾼은 새벽을 흔들며
삼복 길을 가른다

긴 이랑 김매기로 새벽을 밀어낸 후
부룻 잎 한줌 뜯은 아버지
두레박 우물물로 등목을 할 때면
천지가 냉동고인 듯
더위를 날린다

청양 고추에 냉기 품은 오이냉국
물에 만 꽁보리밥 꿀밥 먹은 후

독한 소주 한 잔,

농사는 풀과의 전쟁이라며

안마루 다듬이돌 베고

오수 즐기는 아버지

서울에 가면

산 아래 물 흐른다
둘이 살고 있다
서울에 가면
청춘이 펄럭일 때 본 무교동, 광교, 종로에는
새로운 것들의 무한한 혼합

아직 흔적 남은 인사동은
알 수 없는 언어가 줄지어 흐르고

골목 안으로 들면
정겨운 여자와 대문 낮은 밥집은
국 끓는 냄새가 여전하다

그 앞 지지미 집에는
앞치마 두른
쥔 여자인가 할머니가 된 듯
옥양목 목도리 두르고
불판 앞에 졸고 있다

네거리
옛 화신, 신신백화점 그 자리는
터망도 없이 공룡 빌딩들이
하늘을 가리고

뒤돌아보면
땅속에서 꾸역꾸역 밀려오는 사람들
사방으로 콩 튀듯 흩어진다
어둠이 내릴 무렵 LED등이
배시시 눈을 뜰 때
지난날 추억이
아련히 젖어 드는 저녁 귀가길

서울 사람들의
빨간 발걸음을 다시 생각하며
전철 속에서
꼬오옥- 옥- 눈을 감아본다

모닥불 추억

짝꿍이 모여
불손으로 얼굴을 부빈다

누군가
구울 감자를 건네준 어느 아버지가
너무 크게 보였다

모닥불 둘레서
웃고 조잘거리며 자랑하는 그날,

얼굴도 알지 못하는
아버지의 그리움 보다

아버지는 어떤 사람일까
더 궁금하던 나의 그 시절,

물총새가
신기하게 화살처럼 날아가는 도랑가에서

소복이 모여

감자를 기다리던 그 모닥불

해질 무렵 1

저녁연기 속으로
그리움이 그리워진다

서러움도
섞이어 있다

회백색 물감 풀어놓은 듯
저 고요한
산 아래

당신의 그 음성 그 흔적이
그리워지는 날

해질 무렵 2

병아리 발자국
나란히 음각 줄지어 있고

저녁연기
산허리 두를 때

초승달도 묵은 구름 사이로
들락날락

쟁기 일 마친
누렁이도 멍에 풀고

요령 소리 울리며
저녁길이 바쁜 날

필녀 어매
막둥이 부르는 소리가
어둠속으로 퍼질 때

저 강 건넌 노승의 발걸음은
더 찬찬하다

05

노정路程의 추억

가을 노을

가을 해가
비스듬히 기울 무렵

소몰이 아이들
마중 나온 삽살이가 길길이 뛴다

어느새
뒤따르던 해 그늘
앞마당 모퉁이에
비스듬히 드러눕고

저녁노을 풍경 담은
돌담 위 황금 호박
유난히 탐스럽다

저 산 너머 꽃핀 자리

하늘 끝자락
기러기 지나간
안개 자욱한 산자락

저 산 너머
꽃 핀 자리 아식 있을까

지난 봄 연분홍색
꽃 핀 소식 알려주더니
전갈 없어 먹먹한 이 봄

저 산 너머
꽃핀 자리 아직 있을까

길손 깃에 소식 묻어 오려나
마음 닿아 물어 보아도 그 길 아니라고
손사래 치네

저 산 너머
꽃 핀 자리 아직 있을까

그때 그 사람이
그리워지는 날

파란 내 고향

노랑 병아리 거름 터에서
행복한 그 모습

도랑 건너
옆집 누나 동생 짝사랑하던
길수의 속앓이 사링 이야기도
이젠 들을 수 없는 일

그 흑백 추억들이
모두 전설이 되어
눈 녹듯 사라진 자리

지금은 파란 고향, 내 고향
물풀 우거진 도랑물은
아직도
속살이 하얗게 보이누나

부고

새벽이슬이 마를 무렵
별자리에 조등이 걸렸습니다

청옥색 저 하늘 은하에
새겨 놓은 아린 일기장은

이제
별 등에 걸어 놓고 가시는 거지요

어둠을 삼키며
상청을 지키는 쉰 목소리가
들려옵니다

빈 별빛자리에 하얀 손수건이
이슬에 젖어 있습니다

아제, 먼동 트면 고은 옷 입으시고
말없이 조용히

탯줄 따라 다시 가시겠지요
잘 가요, 친구 같은 아제야

명복을 빕니다.

*학창시절 서울에서 형제처럼 지낸 문중 아제 별이 부고를 받고

골목길의 초상

골목길의 한 애루가 그립다
허물어진 돌담 아래
별이끼꽃 피던 자리 고요하고

초가집 문풍지 떨림은
늦은 밤
나인拿引의 울음소리처럼 들려
전설의 무서움이 느껴지던 밤

달 그늘 흐릿한 후미진 언덕 아래
찔레나무 밑 사발그릇 조각
옛사람들의 흔적이 수북이 모여 있고

살구나무 뒤안 터에
옹골찬 쟁기 날은 부끄럽지 않은
녹슨 행적의 누추가 가려 있다

지난날의 초상의 골목은
아무도 지켜보는 이 없어
정겹던
돌담길이 초라해 보인다

그때

그때
그럴 걸
그때 말할 걸

한 번이라도
사랑한다고

그때

말
해
볼
걸

둠벙
---여름

밤비에 젖은 들풀
청 푸르게 치장하고

도랑가 말간 물속
은피라미 떼 날랜 몸짓

뻐꾸기 선잠 깬 듯
자지러지게 울어 친다

청연옥 왕잠자리 쌍채 그림자 그어 가며
물길 따라 들길 따라
사랑 안고 활공할 때

노랑꽃 창포 핀 둠벙으로
개구리
줄줄이 뛰어드는 물장구 울림으로

여름소리 들려온다

뱃길

멀리 보이는
황포돛배

달빛 아래
출렁인다

세월과 함께
오고 간 길

깊이도
넓이도

흔적 없이
지워진

무념무상의
저 뱃길

주막집

동네 밖 삼거리 초가집 한 채 있었다
겨울 넘긴
개나리꽃 줄줄이 필 무렵

파장녘 객부 드나들던 곳
이웃동네 노름꾼 믹주먹 반건달들
술상 차려 내던 집

객주청 술방 신식 노랫가락 염탐하던
안골 아낙들 신바람에
저절로 어깨춤 흉내 내던 집

술 밥 팔고 묵어가던 집에
주인집 딸년 하도 이뻐 술 색시로
오해 받던 끝자네 집

만고의 불변 같더니 주모도 세월의 백발 이고
먼 길 떠난 지 오래

그 외딴 집 자리 터망도 없다
어릴 적 술 심부름 가던 주막집 자리에
신도청로타리 팔방 신호등만 번쩍인다

겨울 밤

어둠이 까맣게 얼고
산적들 옛 이야기에
조용한 마을
흔적이 무섭다

인적이 드문 밤
별들 속삭이고
세상은 잠들어 고요하다

어디서
밀려온 함박눈이
사정없이 내리던 밤

멀리서 들리는
부엉이 울음 듣던
하얀
그 겨울밤의 추억

후회

비 오는 밤
속절없는 옛 생각에

지난 날 후회에
마음이 휘어진다

먼 산 깊은 골 층층
*너덜 바위 물소리는

아련한
날들에

가슴을 저며 오는
그 뒷 마음

*너덜: 바닥에 크고 작은 돌이 빽빽이 깔려 있는 상태(경북 내륙 지역 방언)

떠나간 사람

그 사람이 그리울 때가 있다

어슴푸레 해너미 고개로
저녁 달 뜨면 당신 얼굴 그려 봅니다

그 사람은 잊었을까
어둔 밤하늘에 샛별 같던 사람

기우는 새벽 달 따라
흰 옷 곱게 차려 입고
먼 길 간 사람아

첫 닭 긴 울음 들리고 밤 별 하나 둘
자리를 뜰 때

새벽 별 하나 보며
내 안의 그 사람
그리울 때가 있다

저녁 강

저녁 강이 흐릅니다
사랑한 사람이 떠나갑니다

이름이 강이라 흘러가는가
이름이 강이라 데려가는가

붉은 석류 알처럼 박힌 깊은 정 남겨 두고
달뜨기 전 흘러갔습니다

갈대꽃 여울목 길로
사랑의 그물을 칩니다

그 사람 멀어져 노을 빛 물들고
사랑은
영혼의 허물 벗으며
흘러가고 있습니다

강이라 이름 하여 흘러갑니다
이름이 강이라
데려갔습니다

저물어가는 저 강!
흘러, 흘리
하얀 새벽이 옵니다

가을 하늘

붓 끝만 스쳐도
부서질까 겁이 난다
저 궁륭 가을 하늘

강물 속 어름치도
청빛에 눈이 부셔
모래알 길 헤매고

허공 메밀잠자리
제 몸 그림자 따라
술래놀이 바쁜 가을

아제요!
가을 하늘 부서져요
도리깨질 멈추소

눈 오는 날

고향에서
눈길을 걷는다

멀리 산허리가
얼룩말 등처럼 보인다

이 길인 듯, 저 길인 듯
어디쯤일까

사람도 보이지 않는 마을
하얗게 지워진 길을 걷는다
혼자 걸어간다

저 언덕 아래
친구가 살던 집
저녁연기 멎은 굴뚝

까치밥 나뭇가지에서

입술 붉은

겨울새가 인사를 한다

안개 마을

안개 마을 고요는
평화스럽다

닭들도 잠들어 있을 때
이른 새벽 통학길 나선
어느 집
대문소리 들린다

이웃하던 별들도 돌아간 후
연기 스멀스멀 피어나는 안개 마을에

아이들 눈 비비며
도랑물에 얼굴 적시고

이른 들길
검둥개 몰래 따라와
안갯길 꼬리치며
동행하잔다

저 산 너머에는

가을 섶 서리 내린
소식 듣고
들길 나선다

만발했던 들꽃은
어디로 가고

늦가을 서리 품은
저 꽃 한 송이
내 마음 같아라

저 산 너머
그 사람 살고 있는 곳에는
무슨 꽃이 피었을까

고향집

어둠 내린 고향의 밤
문살 어스름하다

호롱불 파르르 밝히고
지새우던 밤

부엉이 동무해 주며
오래, 오래 울던 밤

이사 간 그 아이 소식
대문에 꽂혀 있던 날

놓지 못할 편지 한 통
자꾸 읽어도 그리움만 가득하던 밤

고향 떠난 마을은
인적마저 드문드문하다

희미한 기억 속
흐려져 가는
느티나무 마을

06

너와 나의 노래

가을 밤

낙엽 덮인 돌 틈으로
얼룩 귀뚜라미 가을노래 부를 때

너도 한 곡
나도 한 곡조
가을 밤 노래를 같이 부르며

어둠 내린 산 아래
단풍잎 붉은 숲

석양 빛 따라 나선
초생달 능선으로

가을 밤은 깊어간다

강촌의 밤

밤하늘의 별들이
물 위에 속삭이며 노래하던 밤

이슬비 내리던
강촌의 밤

당신의 고운 손 잡고
걷던 밤

어슴푸레
물새 떠난 자리 달그림자 서성인다

당신과의 속삭임도
강물 따라 흘러가고

별 하나 님 하나
나 하나 별 하나 곰곰이 짚던 밤

사랑노래 흐르던

강물 위로

별들의 속삭임만 들려오는 밤

바이올린 선율

허공에
소리 얹어

들숨 휘어
날숨에 나래 달아

공중파 바람 길로
소리 풀어 날린다

장죽활의 정박
선율은 순수하여라

하늘로 올린 소리
음운의 음색이여

신비로운 세선細線의
이 여음은

강변의 봄

봄날
노랑나비
하늘을 펼친다

들꽃도
바람타고 나풀나풀

강물도 봄을 업고
꽃길 따라
들길 따라

출렁이며 흘러가는
강변의 봄

너와 나의 별

밤하늘
별 등 하나 가슴에 달고
노래 부르고 싶다

말간 이슬 속에 핀
하얀 박꽃 어리어 아름답다

뱃길 지켜주는 등대처럼
새벽을 지키는 별
외로운 듯 외롭지 않은 별

너와 나, 남은 날의 노래를
불러보자

나의 별이여
나의 님이여

가슴에 심은 사랑 노래 모아
외로운 듯 외롭지 않은 별의 노래를
너와 나, 남은 날의 노래를 불러보자

호수

호수는
파란 눈을 감고

하얀
홑청 한 겹 덮은 채

겨울을 견디며

노란
봄을 기다린다

밤하늘의 별처럼

밤하늘
별들의 노래를 듣는다

모두가 즐거워하는
저 행복한 환희

우리들의 사랑도
반짝이는 저 별들 같아라

먼 훗날
저 별들의 속삭임처럼

우리
다시 별 밤의 노래처럼

지난날들의
노래를 다시 들을 수 있는
그런 날 있을는지

오월의 푸르름

어느 날부터
어린나무와 묵은 가지에

한두 잎
그늘 만들어
녹음 짙어지면

따습게 말하는 사람과
정을 나누며
가로수 길을 걷고 싶다

바람 파도 일렁이며
초록이 짙어지는

저
푸르름이여

[작품 해설]

부재를 넘어 희망으로

최중태/시인

글을 시작하기에 앞서

시를 쓰는 것은 작가의 체험을 체제화하는 일이다.

사람이 다르듯이, 작가의 체험도 모두 다르다. 그리고 이런 다름으로 해서 각자의 개성이 드러난 각 사람의 작품이 탄생하는 것이다.

시인은 시집을 시작하면서 먼저 할머니의 모습을 그려 놓고 있다.

별로 심각하게 의미를 부여하지 않는 것처럼 '시집에 붙이는 한 마디'라고 제목을 붙여 놓았지만, 필자는 이 부분에 관심이 확 쏠렸다. 왜냐하면 바로 이 부분에서 시인의 시작(詩作) 동기를 확실히 볼 수 있었기 때문이다.

할머니는 어느 섣달 그믐밤, 아들의 전사 통지서를 받는다.

아들의 전사 통지서를 받은 어머니의 가슴은 칠흑같이 어두운 그믐밤보다 더 암담했을 것이다.

하지만 어린 시인은 그런 암담함도 알지 못했다.

세월이 흘러, 시인이 그때의 할머니보다 더 많은 나이가 되어서야 할머니의 마음이 얼마나 참담했을지 조금 헤아려졌다. 그와 함께 할머니로부터 받은 자신의 사랑이 얼마나 큰 것이었던가도 깨닫게 된다.

시인의 작품 속에는 아버지의 부재로부터 오는 상실감과 그 상실감을 보상해 주려고 끝없이 헌신하신 할머니의 사랑이 짙게 깔려 있다. 이런 상실감과 할머니의 한없는 사랑은 겨울이 끝날 무렵, 녹아 질척해진 언 땅처럼 차지게 피부에 와 닿기도 하고, 안개가 자욱한 새벽 강가에서 시야를 가리고 뿌옇게 내리는 는개처럼 느껴지기도 한다.

시인과 동시대 사람들 가운데는 6.25 전쟁으로 아버지를 잃은 사람들이 많다. 그래서 아버지를 잃은 슬픔이 그 세대의 공통적인 슬픔처럼 느껴지기도 한다.

이런 슬픔은 한 시대의 슬픔이기도 하면서, 동시에 '나의'라는 소유 형용사를 사용하여 말할 수 있는 슬픈 가족사(家族史)이기도 하다. 이런 시대의 아픔이기도 하면서, 개인의 아픔이기도 한 아버지의 부재에 대한 상실감이 시인의 작품에는 지하수처럼 면면히 흐르고 있다.

이런 배경을 이해하고 시인의 작품을 읽는다면, 시인의 작품을 훨씬 더 쉽게 이해할 수 있을 것으로 생각한다.

1. 아련한 부재 의식

조등弔燈

조등 하나 내걸렸습니다
명복을 빕니다
담배 연기에 그을린 손가락 사이에
권련 한 개피 잡으시고 늘 하시던 그 말씀이
밤하늘에 별이 되었습니다
어둠 속에서 타오르던
권련의 불빛을 누가 저렇게 오려냈을까요
숱한 아린 아픔
다 내려놓고 가시는 것이지요
느티마을 어귀서
만장 펄럭이며
선소리꾼 목청도 흘러가고
있습니다

시인의 등단 작품이다.

이 작품의 전체적인 분위기는 조등처럼 어스무레하다. 무대 조명처럼 강하게 장의(葬儀) 식장을 비추지 않고, 의식적으로 조도를 낮추어 사물들의 윤곽이 흐릿하게 보이도록

하고 있다. 고인과의 이별에 대한 슬픔도 과장하거나, 현란한 수식어로 부풀리지 않고, 최대한 스케치하듯 담담하게 그려내고 있다.

그래서 전체적으로 슬픔이 많이 객관화된 것처럼 느껴진다.

이 작품을 읽으면서 필자는 '글은 곧 그 사람이다.'라는 말을 제일 먼저 떠올렸다. 필자가 시인을 안 지도 벌써 20년이 넘는 것 같은데, 그동안 친분을 쌓아오면서 보아온 시인의 모습이 꼭 이 작품 같지 않나 싶다. 자신의 감정을 절대로 과장해서 드러내 보이지 않으며, 그럴싸한 미사여구로 자신을 포장해 보일 줄도 모르는…… 항상 한결같은 것이 시인의 모습이었는데, 이 작품이 그런 것 같았다.

이 작품에서 시인이 사용한 시적 수사법은 달을 보고, 누가 어둠 속에서 타오르던 권련의 불빛을 저렇게 오려냈을까? ……하는 정도다. 그 외에는 달리 시적 표현이라고 언급할만한 대목이 없는 것 같다. 그래서 전체적으로 느껴지는 작품의 맛이 인공조미료를 첨가하지 않은 동치미 국물처럼 슴슴하다.

죽음이란 상당한 슬픔 앞에서 의식적으로 슬픔을 감추는 듯한 시인의 이런 태도에는 분명 어떤 의도가 내포해 있는 듯하다. 그런데 필자는 정확하게 시인의 그 의도를 알지 못한다. 다만 짐작으로만 아버지의 부재에 대한 슬픔을 노골

적으로 드러내지 못하고, 내면에서만 삭힌 오랜 세월 동안의 인내가 그런 결과를 낳지 않았나…… 생각한다.

이런 유추는 '조등' 외에 죽음을 다룬 다른 작품을 통해서도 가능하다.

이 작품집에는 '조등' 외에 비슷한 주제의 작품들이 몇 편 더 있다. '부고', '골목길의 초상' 같은 작품이 이런 부류에 속한다고 할 수 있다.

그런데 이런 작품의 특징이 슬픔을 이야기하면서도 눈물은 한 방울도 보이지 않는다는 것이다. 눈물을 보이지 않는다는 것은 최대한 슬픔을 억제하고 있다는 의미인데, 역설적이게도 눈물을 보이지 않음으로써 그 슬픔이 더 크게 다가온다. 장례식장에서 아버지를 여읜 어린아이가 철없이 웃고 있는 모습을 봤을 때, 더 슬퍼지는 것과 마찬가지로.

매장이 일반적 장례법이었던 예전에는 선소리꾼이 있었다. 발인해서 상여가 장지까지 가는 동안, 상여 머리에서 길소리를 매기는 사람이다. 이런 선소리꾼 역시 자신은 눈물을 보이지 않으면서 다른 사람은 울게 만들어야 한다.

언젠가 필자는 시인이 매기는 선소리를 들은 적이 있다. 시인이 실제로 선소리를 잘할 줄 아는 사람이어서 그런지는 몰라도, 시인은 죽음의 슬픔을 최대한 객관화해서 우리에게 제시하고 있다.

이렇게 객관화된 슬픔은 눈물을 보이지 않는 것이 특징이다.

눈물은 슬픔의 불꽃이라고 할 수 있다. 불꽃은 강렬하지만 모든 것을 한꺼번에 태워버린다. 그래서 눈물은 슬픔을 한꺼번에 태워버린다. 그리고 불꽃이 꺼지면 모든 것이 고요해지듯이, 눈물도 눈물이 마르고 나면 쉽게 슬픔이 가라앉는다.

시인의 작품에 나타난 슬픔은 눈물 대신 살얼음 같은 액체이면서 고체의 형태를 띤다. 살얼음은 눈이나 얼음보다 더 차갑게 느껴진다. 시인의 작품에 나타난 슬픔은 이렇게 냉혹한 슬픔이다. 눈물은 보이지 않지만, 그런 슬픔이 뼛속까지 파고든다.

2. 슬픈 장터

장터는 시인의 또 다른 시의 무대이다.

장터는 장의(葬儀) 식장과는 다른 의미의 공간이다. 장의 식장이 슬픔, 이별로 정의된다면, 장터는 유쾌함과 떠들썩한 만남으로 정의될 수 있을 것이다. 그런데 시인은 이런 장터에서도 장의 식장 같은 쓸쓸한 모습을 찾아내고 있다.

시인이 작품에서 그려내는 장터의 시간은 거의 '파장(罷場)' 무렵이다.

파장罷場

하루해가 넘어간다
모였다가 돌아가는
마을 사람들 뒤로 잔설 내리고

가마솥
아궁이에 불 꺼진 나전*
국밥집 소란은 떠났지만

헐한 장배기 파장 사람들
떨이 소리는 아직도 윈다

술기 거나한 장꾼은
미련이 남은 듯

빈 장터를 기웃거리며
묶은 간잽이 생선 바람에 어는

어둑어둑한 장터
야채전 잡곡전 삥이오 자리
말끔히 덮고

다음 장날을 기다린다

*나전: 지방 오일 장날 공터에 차일을 임시로 쳐놓은 식당(경상도 방언)

하루해가 저물고 잔뜩 모였던 사람들이 흩어지는 파장 무렵의 장터는 장례식장보다 더 쓸쓸한 분위기일 수도 있다. 모였다가 흩어지려고 서두르는 사람들의 어수선한 움직임으로 해서 처음부터 조용했던 장의 식장보다 파장 무렵의 장터 분위기가 더 쓸쓸할 수 있다.

그리고 이런 쓸쓸한 분위기는 사람을 더욱 외롭게 만들 수도 있다.

시인은 왁자지껄한 분위기 속에서 외로움을 타는 사람들을 잘 묘사하고 있다. 그리고 '군중 속의 고독'이라는 말을 생각나게 하는 이런 등장인물들은 혹시 시인의 다른 모습은 아닐까 하는 생각과 함께.

장터에서도 외로움을 느끼는 사람은 삶을 너무 비관적으로 생각할까 봐 조심스러운데, 시의 마지막 부분을 보자 시인이 그런 정도로까지 마음이 가라앉은 것 같지는 않아 다행스럽게 생각되었다.

어둑어둑한 장터

야채전 잡곡전 뻥이오 자리

말끔히 덮고

다음 장날을 기다린다.

어두워지는 장터에서 장사를 끝낸 가게들이 문을 닫는다. 이렇게 문을 닫고 밤이 찾아오면 모든 것은 그대로 종결된다. 그것으로 끝이다.

그런데 이 시에서는 바로 이 순간, 기적처럼 반전이 일어난다. 단순히 문을 닫는 것이 아니라, 다시 문을 열 다음 장날을 기다리는 것이다.

이 대목에서 우나무노(Unamuno)의 '생의 비극적 의미'를 떠올리지 않을 수 없다. 실존주의 철학을 대표하는 소설이라 할 수 있는 소설 〈페스트〉에서는 주인공 의사가 페스트가 만연한 도시를 떠나지 않고 죽음을 각오하고 그 도시에 남는 것으로 끝난다.

이렇게 비극적 상황을 선택하는 모습을 보여 주면서, 우리는 우리의 삶이 아무리 비극적으로 끝난다고 할지라도 포기하는 대신 내일을 선택해야 한다고 말하고 있다.

시인도 이 대목에서 이런 결연한 의지를 독자들에게 보여 주고 있다. 이제 시인에게 쓸쓸함은 더 이상 쓸쓸함이 아니다. '말끔히 덮고 다음 장날을 기다린다.'는 기다림의 시간이다. 이 구절에서 우리는 확실하게 쓸쓸함을 극복한 시인의 모습을 볼 수 있다.

이런 시인에게 부재의 상실감으로부터 오는 슬픔은 더 이상 슬픔이 되지 못하는 것이다.

3. 몽환적 변환

슬픔을 극복한 시인은 이제 슬픔을 몽환적으로 변환시킨다. 온 천지의 만물과 우주의 운행이 자신의 슬픔과 함께하고 있는 것으로 지각한다. 이런 지경에서는 슬픔을 더 이상 슬픔이라 할 수 없다.

따라서 슬픔과 기쁨의 경계를 구분하는 것도 무의미하다. 존재와 부재, 상실과 충만이 같은 자연 현상이라고 생각하며 그 자연에 순응하며 사는 것이 자신의 길이라고 생각한다.

둠벙
---여름

밤비에 젖은 들풀
청 푸르게 치장하고
도랑 가 말간 물속
은피라미 떼 날랜 몸짓
뻐꾸기 선잠 깬 듯

자지러지게 울어 친다
청연옥 왕잠자리 쌍채 그림자 그어 가며
물길 따라 들길 따라
사랑 안고 활공할 때
노랑꽃 창포 핀 둠벙으로
개구리
줄줄이 뛰어드는 물장구 울림으로
여름 소리 들려온다

이렇게 자연 질서에 순응한 결과, 시인은 잠자리가 쌍으로 나는 것을 보게 되고, 둠벙으로 뛰어드는 개구리들의 물장구 울림을 통하여 여름 소리도 듣게 되었다. 그리고 이런 소리는 더 이상 지난날의 아픔이 아니다.

아픔을 느끼지 않는다고 해서, 아픔이 가신 것은 아니다. 아픔은 오히려 더 깊은 곳으로 내려가, 더 내밀해졌다. 그렇게 되었다고 할지라도 시인은 이제 더 이상 아픔으로 인해 슬퍼하지는 않는다.

저녁 강

저녁 강이 흐릅니다
사랑한 사람이 떠나갑니다

이름이 강이라 흘러가는가
이름이 강이라 데려가는가
붉은 석류 알처럼 박힌 깊은 정 남겨 두고
달뜨기 전 흘러갔습니다
갈대꽃 여울목 길로
사랑의 그물을 칩니다
그 사람 멀어져 노을 빛 물들고
사랑은
영혼의 허물 벗으며
흘러가고 있습니다
강이라 이름 하여 흘러갑니다
이름이 강이라
데려갔습니다
저물어가는 저 강!
흘러, 흘러
하얀 새벽이 옵니다

이제 시인은 사랑한 사람을 저녁 강에 흘려보냅니다. 사랑한 사람이 자연적으로 흘러간 것이 아니라, 시인이 의지적 행위로 사랑한 사람을 흘려보냅니다. 이별은 슬픈 일이지만, 시인은 결연한 의지로 사랑한 사람을 흘려보내기로 결심합니다.

이 대목에서 '사랑한 사람'이라고 자신이 사랑한 대상을 '사랑한'이라는 과거 시제로 밝힌 것도 의미 있게 생각됩니다. 더 이상 과거의 사랑에 얽매이지 않겠다는 시인의 확고한 의지를 보여 주는 것 같습니다.

이렇게 마지막 부분에 이르러 시인은 과거의 슬픔으로부터 탈출하려는 자신의 결의를 확실하게 보여 줍니다. 이제 슬픔은 사라지고 하얀 새벽이 온다고 노래한 마지막 구절은 더욱 큰 희망을 안겨줍니다.

오랜 시간 동안 아파했던 부재의 상실감이 완전히 해소되는 순간입니다. 바로 이 순간, 하늘이 열리며 하얀 새벽이 새롭게 열립니다.

이런 새벽을 맞이하려고 오랜 세월을 인내해 온 시인의 노력에 큰 박수를 보냅니다. 새벽을 밝히고 떠오른 해는 하늘 높이 떠올라 찬란하게 빛날 것입니다. 매일매일을 그렇게 밝고, 아름다운 날과 함께하시기를 기원합니다.

끝으로 가족들이 적극적으로 후원하여 이 작품집을 내게 된 것에 대하여, 시인을 대신하여 감사 인사드립니다.

2023년 8월 월곡재에서

아호에 대하여

요즘 신문에 역대 대통령들의 청와대 기념식수 기사가 자주 보인다. 기념할 일이 있을 때, 우리는 나무를 많이 심는다. 한 자리에서 오랫동안 사는 나무의 덕성 때문에 그럴 것이다.

한 자리에서 변함없는 모습을 유지하며 생활하는 최상현 시인의 성품도 나무와 비슷한 데가 많다. 젊어서였다면 성장하는 모습도 보였겠지만, 지금은 나이가 원만하여 성장하기보다는 날이 갈수록 풍성해지는 모습이다. 이런 모습이 꽃보다 아름답다고나 할까?

그래서 목화(木花)라고 지은 자호(自號)가 잘 어울린다고 생각한다. 사람이 어찌 고요하기만을 바라겠는가? 때로는 활동도 하고 싶은 것이 인간의 본성이다. 그래서 움직이고자 할 때, 큰 강물처럼 세상 사람들의 시선을 끌고자 하는 사람도 있지만, 최 시인은 그런 성품이 아니다. 그냥 맑고 조용하게 흘러가고 싶을 뿐이다.

그래서 '푸른 내'라는 의미의 청천(靑川)을 또 다른 호로 사용하고 싶다고 해서 그럴싸하다고 생각했다.

내가 다른 사람에게 호를 줄 만큼 덕이 있는 사람이 아니어서, 호를 드리지는 못했지만, 본인의 호에 좋은 의미를 담아 전하고자, 두서없이 몇 글자를 적어 보았다.

부디 좋은 호로 사용되기를 기원하면서.

2023년 가을 최중태